대한민국 법령 시리즈 72

해양경비법

법령
시행령
시행규칙

해광출판사

머리말

이 책은 방대한 법전을 보지 않고 간편하게 해당되는 법령만 참고해서 볼 수 있도록 하였습니다. 공공기관이나 관련 종사자들이 쉽고 간편하게 해당 법령을 참조 할 수 있도록 하였습니다.

특히 해당법률은 물론 관련 시행령, 시행규칙을 함께 실어 관련법을 서로 참고할 수 있게 하였습니다.

법률이라는 것이 크든 작든 항상 변하는 관계로, 출간 이후의 정확하고 최신의 법률은 법제처 국가법령정보센터에서 확인이 가능하니 법률의 실제 적용 시 확인이 필요한 점 유의하기를 바랍니다.

편집부

* 수록 법률은 법제처 국가법령정보센터에서 확인 가능합니다.
* 발행일 기준 시행 법률이므로 최신 법령은 위 센터에서 볼 수 있습니다.
* 본 책자에 수록된 법률의 문구에 대하여 법적인 효력은 없으며,
  실제 적용 법률은 위 센터에서 최신의 법률로 확인하시기 바랍니다.
* 해당 법령과 함께 시행령, 시행규칙도 수록되어 있습니다.
* 발행일 기준으로 개정 예정 법률은 밑줄로 별도 표시되어 있으며,
  보다 정확한 것은 법제처에서 확인하기 바랍니다.

목차

해양경비법

[시행 2023. 1. 12.] [법률 제18755호, 2022. 1. 11., 타법개정]

**개정 예정 법률 밑줄 별도 표시.

해양경비법

[시행 2023. 1. 12.] [법률 제18755호, 2022. 1. 11., 타법개정]

제1장 총칙

제1조(목적) 이 법은 경비수역에서의 해양안보 확보, 치안질서 유지, 해양수산자원 및 해양시설 보호를 위하여 해양경비에 관한 사항을 규정함으로써 국민의 안전과 공공질서의 유지에 이바지함을 목적으로 한다. 〈개정 2017. 4. 18.〉

제2조(정의) 이 법에서 사용하는 용어의 뜻은 다음과 같다. 〈개정 2014. 11. 19., 2017. 4. 18., 2017. 7. 26., 2020. 12. 29.〉

1. "해양경비"란 해양경찰청장이 경비수역에서 해양주권의 수호를 목적으로 행하는 해양안보 및 해양치안의 확보, 해양수산자원 및 해양시설의 보호를 위한 경찰권의 행사를 말한다.

2. "경비수역"이란 대한민국의 법령과 국제법에 따라 대한민국의 권리가 미치는 수역으로서 연안수역, 근해수역 및 원해수역을 말한다.

3. "연안수역"이란 「영해 및 접속수역법」 제1조 및 제3조에 따른 영해 및 내수(「내수면어업법」 제2조제1호에 따른 내수면은 제외한다)를 말한다.

4. "근해수역"이란 「영해 및 접속수역법」 제3조의2에 따른 접속수역을 말한다.

5. “원해수역”이란 「해양수산발전 기본법」 제3조제1호에 따른 해양 중 연안수역과 근해수역을 제외한 수역을 말한다.

6. “해양수산자원”이란 「해양수산발전 기본법」 제3조제2호에 따른 해양수산자원을 말한다.

7. “해양시설”이란 「해양환경관리법」 제2조제17호에 따른 해양시설을 말한다.

8. “경비세력”이란 해양경찰청장이 해양경비를 목적으로 투입하는 인력, 함정, 항공기 및 전기통신설비 등을 말한다.

9. “해상검문검색”이란 해양경찰청장이 경비세력을 사용하여 경비수역에서 선박등을 대상으로 정선(停船) 요구, 승선(乘船), 질문, 사실 확인, 선체(船體) 수색이나 그 밖에 필요한 조치를 하는 것을 말한다.

10. “선박등”이란 「선박법」 제1조의2제1항에 따른 선박(이하 “선박”이라 한다), 「수상레저안전법」 제2조제3호에 따른 수상레저기구, 「어선법」 제2조제1호에 따른 어선, 그 밖에 수상에서 사람이 탑승하여 이동 가능한 기구를 말한다.

11. “임해 중요시설”이란 바다와 인접하고 있는 공공기관, 공항, 항만, 발전소, 조선소 및 저유소(貯油所) 등 국민경제의 기간(基幹)이 되는 주요 산업시설로서 대통령령으로 정하는 시설을 말한다.

제2조(정의) 이 법에서 사용하는 용어의 뜻은 다음과 같다. 〈개정 2014. 11. 19., 2017. 4. 18., 2017. 7. 26., 2020. 12. 29., 2025. 4. 22.〉

1. “해양경비”란 해양경찰청장이 경비수역에서 해양주권의 수호를

목적으로 행하는 해양안보 및 해양치안의 확보, 해양수산자원 및 해양시설의 보호를 위한 경찰권의 행사를 말한다.

2. "경비수역"이란 대한민국의 법령과 국제법에 따라 대한민국의 권리가 미치는 수역으로서 연안수역, 근해수역 및 원해수역을 말한다.

3. "연안수역"이란 「영해 및 접속수역법」 제1조 및 제3조에 따른 영해 및 내수(「내수면어업법」 제2조제1호에 따른 내수면은 제외한다)를 말한다.

4. "근해수역"이란 「영해 및 접속수역법」 제3조의2에 따른 접속수역을 말한다.

5. "원해수역"이란 「해양수산발전 기본법」 제3조제1호에 따른 해양 중 연안수역과 근해수역을 제외한 수역을 말한다.

6. "해양수산자원"이란 「해양수산발전 기본법」 제3조제2호에 따른 해양수산자원을 말한다.

7. "해양시설"이란 「해양환경관리법」 제2조제17호에 따른 해양시설을 말한다.

8. "경비세력"이란 해양경찰청장이 해양경비를 목적으로 투입하는 인력, 함정, 항공기 및 전기통신설비 등을 말한다.

9. "해상검문검색"이란 해양경찰청장이 경비세력을 사용하여 경비수역에서 선박등을 대상으로 정선(停船) 요구, 승선(乘船), 질문, 사실 확인, 선체(船體) 수색이나 그 밖에 필요한 조치를 하는 것을 말한다.

10. "선박등"이란 「선박법」 제1조의2제1항에 따른 선박(이하 "선박"이라 한다), 「수상레저안전법」 제2조제3호에 따른 수상레저기구,

「어선법」 제2조제1호에 따른 어선, 그 밖에 수상에서 사람이 탑승하여 이동 가능한 기구를 말한다.

11. "임해 중요시설"이란 바다와 인접하고 있는 공공기관, 공항, 항만, 발전소, 조선소 및 저유소(貯油所) 등 국민경제의 기간(基幹)이 되는 주요 산업시설로서 대통령령으로 정하는 시설을 말한다.

12. "해양경비정보"란 해양경비 활동에 필요한 경비수역 내의 정보로서 다음 각 목의 어느 하나에 해당하는 정보를 말한다.

가. 경비수역 및 경비세력 등에 관한 정보

나. 선박등의 운항 및 보안 · 안전에 관한 정보(선박등의 위치, 입항 · 출항, 승선원 및 화물 등의 정보를 포함한다)

다. 해양시설, 임해 중요시설 등의 보안 · 안전에 관한 정보

라. 해양에서 수집한 영상 · 음성 · 음향 · 전기통신데이터 또는 이들의 조합으로 처리 · 가공 · 활용된 정보

마. 수심 · 조류(潮流) · 해양기상 등 해양 특성과 해저자원, 해양수산자원 등에 관한 정보

바. 그 밖에 대통령령으로 정하는 정보

사. 가목부터 바목까지의 정보를 결합 · 융합 · 분석 · 가공하여 생성된 정보

[시행일: 2025. 10. 23.] 제2조

제3조(국가의 책무) 국가는 경비수역에서의 해양안보 및 해양치안을 확보하고 해양수산자원 및 해양시설을 보호하기 위하여 해양경비에 필요한 제도와 여건을 확립하고 이를 위한 시책을 마련하여 추진하여야 한다. 〈개정 2017. 4. 18.〉

제4조(적용 범위) 이 법은 다음 각 호의 어느 하나에 해당하는 선박등이나 해양시설에 대하여 적용한다.

1. 경비수역에 있는 선박등이나 해양시설

2. 경비수역을 제외한 수역에 있는 「선박법」 제2조에 따른 대한민국 선박

제5조(다른 법률과의 관계) ① 해양경비에 관하여 「통합방위법」에서 규정한 것을 제외하고는 이 법에서 정하는 바에 따른다.

② 해양경비에 관하여 이 법에서 규정한 것을 제외하고는 「경찰관 직무집행법」을 적용한다. 〈개정 2014. 5. 20.〉

제5조의2 삭제 〈2019. 8. 20.〉

제2장 해양경비 활동

제6조(해양경비기본계획의 수립) ① 해양경찰청장은 해양경비 활동을 효율적으로 수행하기 위하여 해양경비기본계획(이하 "기본계획"이라 한다)을 5년마다 수립하고 추진하여야 한다. 〈개정 2014. 11. 19., 2017. 7. 26.〉

② 기본계획에는 다음 각 호의 사항이 포함되어야 한다.

1. 주변정세의 변화에 따른 해양치안 수요 분석에 관한 사항

2. 해양치안 수요에 따른 경비세력의 운용방안 및 국제공조에 관한 사항

3. 경비세력 증감에 대한 전망 및 인력·재원의 조달에 관한 사항

4. 경비수역별 특성에 알맞은 경비 방법에 관한 사항

5. 그 밖에 해양경비 운용에 필요한 사항

③ 해양경찰청장은 기본계획을 수립하려는 경우에는 외교부장관, 국방부장관, 경찰청장 등 관계 중앙행정기관의 장 및 특별시장·광역시장·특별자치시장·도지사·특별자치도지사(이하 "시·도지사"라 한다)의 의견을 들어야 한다. 〈개정 2013. 3. 23., 2014. 11. 19., 2017. 7. 26., 2020. 12. 29.〉

④ 해양경찰청장은 수립된 기본계획에 따라 매년 전년도 해양경비 실적이나 치안여건 등을 분석하여 해당 연도의 중점 경비대상과 달성목표 등을 포함한 연간 해양경비계획을 수립하여야 한다. 〈개정 2014. 11. 19., 2017. 7. 26.〉

제7조(해양경비 활동의 범위) 해양경찰청 소속 경찰공무원(이하 "해양경찰관"이라 한다)은 다음 각 호의 어느 하나에 해당하는 해양경비 활동을 수행한다. 〈개정 2014. 11. 19., 2017. 4. 18., 2017. 7. 26.〉

1. 해양 관련 범죄에 대한 예방
2. 해양오염 방제 및 해양수산자원 보호에 관한 조치
3. 해상경호, 대(對)테러 및 대간첩작전 수행
4. 해양시설의 보호에 관한 조치
5. 해상항행 보호에 관한 조치
6. 그 밖에 경비수역에서 해양경비를 위한 공공의 안녕과 질서유지

제7조의2(해양경비정보의 수집 등) ① 해양경찰청장은 해양경비 활동에 필요한 해양경비정보를 수집·관리 및 활용할 수 있다.

② 해양경찰청장은 제1항에 따라 해양경비정보를 수집하는 경우 그 목적에 필요한 최소한의 범위에서 수집하여야 하며, 수집된 정보

는 목적 외의 다른 용도로 사용하여서는 아니 된다.

③ 해양경찰청장은 해양경비정보의 수집 · 관리 및 분석을 위하여 해양경비정보시스템을 구축 · 운영할 수 있다.

④ 해양경찰청장은 제3항에 따른 해양경비정보시스템 구축 · 운영과 관련하여 전문적인 기술이 필요한 경우 해양수산부령으로 정하는 바에 따라 그 업무의 일부를 관련 전문기관 · 단체에 위탁할 수 있다.

⑤ 제1항부터 제4항까지에서 규정한 사항 외에 해양경비정보의 수집 · 관리 등에 필요한 세부적인 사항은 대통령령으로 정한다.

[본조신설 2025. 4. 22.]

[시행일: 2025. 10. 23.] 제7조의2

제8조(권한남용의 금지) 해양경찰관은 이 법에 따른 직무를 수행할 때 권한을 남용하여 개인의 권리 및 자유를 침해하여서는 아니 된다. 〈개정 2014. 11. 19., 2017. 7. 26.〉

제9조(국제협력) ① 해양경찰청장은 국제협력을 위한 국가 간 합동훈련 및 구호활동을 위하여 대통령령으로 정하는 바에 따라 경비세력의 일부를 외국에 파견할 수 있다. 〈개정 2014. 11. 19., 2017. 7. 26., 2019. 12. 3.〉

② 해양경찰청장은 「국유재산법」 제55조에도 불구하고 국제협력 증진을 위하여 용도폐지된 함정을 「국제개발협력기본법」 제2조제2호에 따른 개발도상국에 무상으로 양여할 수 있다. 〈신설 2019. 12. 3.〉

③ 제2항에 따른 양여 대상 개발도상국의 선정 기준과 방법 및 구체적인 양여 절차는 대통령령으로 정한다. 〈신설 2019. 12. 3.〉

[제목개정 2019. 12. 3.]

제10조(협의체의 설치 및 운영) ① 해양경찰청장은 해양경비 활동과 관련하여 긴급한 사안이 있을 경우 신속한 정보의 수집·전파 등 업무협조를 위하여 외교부, 해양수산부 및 경찰청 등 관계 기관과 협의체를 설치하여 운영할 수 있다. 〈개정 2013. 3. 23., 2014. 11. 19., 2017. 7. 26.〉

② 제1항에 따른 협의체의 설치 및 운영 등에 필요한 사항은 대통령령으로 정한다.

제11조(경비수역별 중점 경비사항) ① 해양경찰청장은 경비수역의 구분에 따라 경비세력의 배치와 중점 경비사항을 달리할 수 있다. 〈개정 2014. 11. 19., 2017. 7. 26.〉

② 제1항의 구분에 따른 중점 경비사항은 다음 각 호와 같다. 〈개정 2017. 4. 18.〉

1. 연안수역: 해양 관계 국내법령을 위반한 선박등의 단속 등 민생치안 확보 및 임해 중요시설의 보호 경비

2. 근해수역: 「영해 및 접속수역법」 제6조의2에 따른 법령을 위반한 외국선박의 단속을 위한 경비

3. 원해수역: 해양수산자원 및 해양시설의 보호, 해양환경의 보전·관리, 해양과학조사 실시 등에 관한 국내법령 및 대한민국이 체결·비준한 조약을 위반한 외국선박의 단속을 위한 경비

제12조(해상검문검색) ① 해양경찰관은 해양경비 활동 중 다음 각 호의 어느 하나에 해당하는 선박등에 대하여 주위의 사정을 합리적으로 판단하여 상당한 이유가 있는 경우 해상검문검색을 실시할 수

있다. 다만, 외국선박에 대한 해상검문검색은 대한민국이 체결·비준한 조약 또는 일반적으로 승인된 국제법규에 따라 실시한다. 〈개정 2014. 11. 19., 2017. 7. 26.〉

1. 다른 선박의 항행 안전에 지장을 주거나 진로 등 항행상태가 일정하지 아니하고 정상적인 항법을 일탈하여 운항되는 선박등

2. 대량파괴무기나 그 밖의 무기류 또는 관련 물자의 수송에 사용되고 있다고 의심되는 선박등

3. 국내법령 및 대한민국이 체결·비준한 조약을 위반하거나 위반행위가 발생하려 하고 있다고 의심되는 선박등

② 해양경찰관은 해상검문검색을 목적으로 선박등에 승선하는 경우 선장(선박등을 운용하는 자를 포함한다. 이하 같다)에게 소속, 성명, 해상검문검색의 목적과 이유를 고지하여야 한다. 〈개정 2013. 8. 13., 2014. 11. 19., 2017. 7. 26.〉

제12조(해상검문검색) ① 해양경찰관은 해양경비 활동 중 다음 각 호의 어느 하나에 해당하는 선박등에 대하여 주위의 사정을 합리적으로 판단하여 상당한 이유가 있는 경우 해상검문검색을 실시할 수 있다. 다만, 외국선박에 대한 해상검문검색은 대한민국이 체결·비준한 조약 또는 일반적으로 승인된 국제법규에 따라 실시한다. 〈개정 2014. 11. 19., 2017. 7. 26., 2025. 4. 22.〉

1. 다른 선박의 항행 안전에 지장을 주거나 진로 등 항행상태가 일정하지 아니하고 정상적인 항법을 일탈하여 운항되는 선박등

2. 대량파괴무기나 그 밖의 무기류 또는 관련 물자의 수송에 사용되고 있다고 의심되는 선박등

2의2. 국제평화와 안전유지를 위한 국제적 노력에 특히 기여하기 위하여 산업통상자원부장관이 지정·고시하는 금지물품의 수송에 사용되고 있다고 의심되는 선박등

3. 국내법령 및 대한민국이 체결·비준한 조약을 위반하거나 위반행위가 발생하려 하고 있다고 의심되는 선박등

② 해양경찰관은 해상검문검색을 목적으로 선박등에 승선하는 경우 선장(선박등을 운용하는 자를 포함한다. 이하 같다)에게 소속, 성명, 해상검문검색의 목적과 이유를 고지하여야 한다. 〈개정 2013. 8. 13., 2014. 11. 19., 2017. 7. 26.〉

[시행일: 2025. 10. 23.] 제12조

제13조(추적·나포) 해양경찰관은 다음 각 호의 어느 하나에 해당하는 선박등에 대하여 추적·나포(拿捕)할 수 있다. 다만, 외국선박에 대한 추적권의 행사는 「해양법에 관한 국제연합 협약」 제111조에 따른다. 〈개정 2014. 11. 19., 2017. 7. 26.〉

1. 제12조에 따른 해상검문검색에 따르지 아니하고 도주하는 선박등

2. 해당 경비수역에서 적용되는 국내법령 및 대한민국이 체결·비준한 조약을 위반하거나 위반행위가 발생하려 하고 있다고 확실시되는 상당한 이유가 있는 선박등

제14조(해상항행 보호조치 등) ① 해양경찰관은 경비수역에서 다음 각 호의 어느 하나에 해당하는 행위를 하는 선박등의 선장에 대하여 경고, 이동·해산 명령 등 해상항행 보호조치를 할 수 있다. 다만, 외국선박에 대한 해상항행 보호조치는 연안수역에서만 실시한

다. 〈개정 2013. 8. 13., 2014. 11. 19., 2017. 7. 26.〉

1. 선박등이 본래의 목적을 벗어나 다른 선박등의 항행 또는 입항·출항 등에 현저히 지장을 주는 행위

2. 선박등이 항구·포구 내외의 수역과 지정된 항로에서 무리를 지어 장시간 점거하거나 항법상 정상적인 횡단방법을 일탈하여 다른 선박등의 항행에 지장을 주는 행위

3. 임해 중요시설 경계 바깥쪽으로부터 1킬로미터 이내 경비수역에서 선박등이 무리를 지어 위력적인 방법으로 항행 또는 점거함으로써 안전사고가 발생할 우려가 높은 행위

② 해양경찰관은 경비수역(이 항에서 「선박의 입항 및 출항 등에 관한 법률」에 따른 무역항의 수상구역등의 수역은 제외한다)에서 다음 각 호의 어느 하나에 해당하는 사유로 선박등이 좌초·충돌·침몰·파손 등의 위험에 처하여 인명·신체에 대한 위해나 중대한 재산상 손해의 발생 또는 해양오염의 우려가 현저한 경우에는 그 선박등의 선장에 대하여 경고, 이동·피난 명령 등 안전조치를 할 수 있다. 다만, 외국선박에 대한 안전조치는 연안수역에서만 실시한다. 〈신설 2013. 8. 13., 2014. 11. 19., 2015. 2. 3., 2017. 7. 26.〉

1. 태풍, 해일 등 천재(天災)

2. 위험물의 폭발 또는 선박의 화재

3. 해상구조물의 파손

③ 해양경찰관은 선박등의 통신장치 고장 등의 사유로 제2항에 따른 명령을 할 수 없거나 선박등의 선장이 제2항에 따른 명령에 불응하는 경우로서 인명·신체에 대한 위해, 중대한 재산상 손해 또

는 해양오염을 방지하기 위하여 긴급하거나 불가피하다고 인정할 때에는 합리적으로 판단하여 필요한 한도에서 다음 각 호의 조치를 할 수 있다. 〈신설 2013. 8. 13., 2014. 11. 19., 2017. 7. 26.〉

1. 선박등을 안전한 곳으로 이동시키는 조치

2. 선박등의 선장, 해원(海員) 또는 승객을 하선하게 하여 안전한 곳으로 피난시키는 조치

3. 그 밖에 대통령령으로 정하는 조치

④ 해양경찰관은 제3항에 따른 조치를 하려는 경우에는 선박등의 선장에게 자신의 신분을 표시하는 증표를 제시하고 조치의 목적·이유 및 이동·피난 장소를 알려야 한다. 다만, 기상상황 등으로 선박에 승선할 수 없는 경우에는 무선통신 등을 이용하여 자신의 신분 고지 등을 할 수 있다. 〈신설 2013. 8. 13., 2014. 11. 19., 2017. 7. 26.〉

⑤ 해양경찰서장은 제3항제1호에 따른 이동조치와 관련하여 발생한 비용을 대통령령으로 정하는 선박등의 소유자에게 부담하게 할 수 있다. 〈신설 2013. 8. 13., 2014. 11. 19., 2017. 7. 26.〉

⑥ 제1항부터 제4항까지에 따른 해상항행 보호조치 등에 필요한 사항은 해양수산부령으로 정한다. 〈개정 2013. 3. 23., 2013. 8. 13., 2014. 11. 19., 2017. 7. 26.〉

[제목개정 2013. 8. 13.]

제15조(지원요청) ① 해양경찰관서의 장은 해양경비 활동 중 긴급하게 지원이 필요한 경우에는 인근에 있는 행정기관에 선박 및 항공기 등의 지원을 요청할 수 있다. 〈개정 2014. 11. 19., 2017. 7. 26.〉

② 제1항에 따른 지원요청을 받은 행정기관의 장은 정당한 사유가 없는 한 이에 따라야 한다.

제16조(해양경비 교육훈련) 해양경찰청장은 해양경비를 원활하게 수행하기 위하여 함정 승조원 및 항공요원 등 경비인력에 대한 교육훈련, 함정·항공기 등을 이용한 종합훈련을 실시할 수 있다. 〈개정 2014. 11. 19., 2017. 7. 26.〉

제16조의2(해양 대테러 계획의 수립) ① 해양경찰청장은 제7조제3호에 따른 대테러작전의 수행 및 「국민보호와 공공안전을 위한 테러방지법」 제10조에 따른 테러예방대책의 원활한 수립과 해양에서의 효율적인 테러 예방·대응을 위하여 5년마다 해양 대테러 계획을 수립하여야 한다.

② 해양경찰관서의 장은 제1항에 따른 해양 대테러 계획의 원활한 시행을 위하여 매년 유관기관과의 협의를 통하여 해양 테러 예방 및 대응 활동계획을 수립·시행하여야 한다.

③ 제1항에 따른 해양 대테러 계획 및 제2항에 따른 해양 테러 예방 및 대응 활동계획의 수립과 시행에 필요한 사항은 해양수산부령으로 정한다.

[본조신설 2020. 12. 29.]

제3장 무기 및 장비 등의 사용

제17조(무기의 사용) ① 해양경찰관은 해양경비 활동 중 다음 각 호의 어느 하나에 해당하는 경우에는 무기를 사용할 수 있다. 이 경우 무기사용의 기준은 「경찰관 직무집행법」 제10조의4에 따른다. 〈개

정 2014. 5. 20., 2014. 11. 19., 2017. 7. 26.〉

1. 선박등의 나포와 범인을 체포하기 위한 경우

2. 선박등과 범인의 도주를 방지하기 위한 경우

3. 자기 또는 다른 사람의 생명·신체에 대한 위해(危害)를 방지하기 위한 경우

4. 공무집행에 대한 저항을 억제하기 위한 경우

② 다음 각 호의 어느 하나에 해당하는 경우에는 개인화기(個人火器) 외에 공용화기를 사용할 수 있다. 〈개정 2017. 4. 18.〉

1. 대간첩·대테러 작전 등 국가안보와 관련되는 작전을 수행하는 경우

2. 제1항 각 호의 어느 하나에 해당하는 경우로서 선박등과 범인이 선체나 무기·흉기 등 위험한 물건을 사용하여 경비세력을 공격하거나 공격하려는 경우

3. 선박등이 3회 이상 정선 또는 이동 명령에 따르지 아니하고 경비세력에게 집단으로 위해를 끼치거나 끼치려는 경우

제18조(해양경찰장비 및 장구의 사용) ① 해양경찰관은 「경찰관 직무집행법」 제10조제2항 및 제10조의2제2항에 따른 경찰장비 및 경찰장구 외에 다음 각 호의 어느 하나에 따른 경찰장비 및 경찰장구를 사용할 수 있다. 〈개정 2014. 5. 20., 2014. 11. 19., 2017. 7. 26.〉

1. 해상검문검색 및 추적·나포 시 선박 등을 강제 정선, 차단 또는 검색하는 경우 경비세력에 부수되어 운용하는 경찰장비 및 경찰장구

2. 선박등에 대한 이동 · 해산 명령 등 해상항행 보호조치에 필요한 경찰장비 및 경찰장구

3. 제1호 및 제2호에 따른 경찰장비 및 경찰장구 외에 정당한 직무수행 중 경비세력에 부당하게 저항하거나 위해를 가하려 하는 경우 경비세력의 자체 방호를 위한 경찰장비 및 경찰장구

② 제1항에 따른 경찰장비 및 경찰장구의 종류 및 사용기준은 대통령령으로 정한다.

[제목개정 2017. 7. 26.]

제4장 보칙

제19조(협조요청) 해양경찰청장은 제7조제1호부터 제5호까지의 규정에 따른 해양경비 활동을 하기 위하여 필요한 경우 관계 행정기관의 장에게 정보의 제공 등 협조를 요청할 수 있다. 〈개정 2014. 11. 19., 2017. 7. 26.〉

제19조(협조요청) 해양경찰청장은 제7조제1호부터 제5호까지의 규정에 따른 해양경비 활동을 하기 위하여 필요한 경우 관계 행정기관의 장에게 정보의 제공 등 협조를 요청할 수 있다. 이 경우 협조요청을 받은 관계 행정기관의 장은 특별한 사유가 없으면 이에 따라야 한다. 〈개정 2014. 11. 19., 2017. 7. 26., 2025. 4. 22.〉

[시행일: 2025. 10. 23.] 제19조

제20조(경비수역 내 점용 · 사용허가 등의 통보) ① 해양수산부장관, 특별시장 · 광역시장 · 특별자치시장 · 도지사 · 특별자치도지사 · 시장 · 군수 · 구청장(자치구의 구청장을 말한다. 이하 같다)은 경비수역에서

「공유수면 관리 및 매립에 관한 법률」 제8조에 따른 공유수면 점용·사용허가를 하는 경우 제7조제1호부터 제5호까지의 규정에 따른 해양경비 활동에 중대한 지장을 줄 것으로 인정할 때에는 해양경찰청장, 지방해양경찰청장 또는 관할 해양경찰서장에게 그 사실을 통보하여야 한다. 〈개정 2013. 3. 23., 2014. 11. 19., 2017. 7. 26., 2020. 12. 29.〉

② 해양수산부장관은 「항만법」 제2조제6호에 따른 항만개발사업을 시행하는 경우 제7조제1호부터 제5호까지의 규정에 따른 해양경비 활동에 중대한 지장을 줄 것으로 인정할 때에는 해양경찰청장, 지방해양경찰청장 또는 관할 해양경찰서장에게 그 사실을 통보하여야 한다. 〈개정 2013. 3. 23., 2014. 11. 19., 2017. 7. 26., 2020. 1. 29.〉

③ 해양수산부장관, 시·도지사 또는 시장·군수·구청장은 「어촌·어항법」 제23조제1항에 따른 어항개발사업을 시행하는 경우 제7조제1호부터 제5호까지의 규정에 따른 해양경비 활동에 중대한 지장을 줄 것으로 인정할 때에는 해양경찰청장, 지방해양경찰청장 또는 관할 해양경찰서장에게 그 사실을 통보하여야 한다. 〈개정 2013. 3. 23., 2014. 11. 19., 2017. 7. 26.〉

④ 시·도지사 또는 시장·군수·구청장은 「수산업법」 제7조에 따른 어업 면허 또는 「양식산업발전법」 제10조에 따른 면허를 하는 경우 제7조 각 호에 따른 해양경비 활동과 관련이 있는 사항에 대하여는 관할 해양경찰서장에게 통보하여야 한다. 〈개정 2014. 11. 19., 2017. 7. 26., 2019. 8. 27., 2022. 1. 11.〉

⑤ 제1항부터 제4항까지의 규정에 따른 구체적인 통보 사항 및 절차는 해양수산부령으로 정한다. 〈개정 2013. 3. 23., 2014. 11. 19., 2017. 7. 26.〉

제20조의2(포상) 해양경찰청장은 제13조에 따라 외국선박을 나포하는 데 공로가 있는 자에 대하여는 대통령령으로 정하는 바에 따라 포상할 수 있다. 〈개정 2017. 7. 26.〉

[본조신설 2017. 4. 18.]

제20조의3(벌칙 적용에서 공무원 의제) 제7조의2제4항에 따라 위탁받은 업무에 종사하는 전문기관이나 단체의 임직원 중 공무원이 아닌 사람은 「형법」 제127조를 적용할 때에는 공무원으로 본다.

[본조신설 2025. 4. 22.]

[시행일: 2025. 10. 23.] 제20조의3

제5장 벌칙

제21조(벌칙) ① 제12조제1항에 따른 해상검문검색을 정당한 사유 없이 거부, 방해 또는 기피한 자는 1년 이하의 징역 또는 1천만원 이하의 벌금에 처한다. 〈신설 2017. 4. 18.〉

② 제14조에 따른 이동ㆍ해산ㆍ피난 명령 또는 이동ㆍ피난 조치를 거부, 방해 또는 기피한 자는 6개월 이하의 징역 또는 500만원 이하의 벌금에 처한다. 〈개정 2013. 8. 13., 2017. 4. 18.〉

제22조 삭제 〈2017. 4. 18.〉

부칙 〈제11372호, 2012. 2. 22.〉

이 법은 공포 후 6개월이 경과한 날부터 시행한다.

부칙 〈제11690호, 2013. 3. 23.〉 (정부조직법)

제1조(시행일) ① 이 법은 공포한 날부터 시행한다.

② 생략

제2조 부터 제5조까지 생략

제6조(다른 법률의 개정) ①부터 〈673〉까지 생략

〈674〉 해양경비법 일부를 다음과 같이 개정한다.

제6조제3항 중 "외교통상부장관"을 "외교부장관"으로 한다

제10조제1항 중 "외교통상부, 농림수산식품부"를 "외교부, 해양수산부"로 한다.

제14조제2항 및 제20조제5항 중 "국토해양부령"을 각각 "해양수산부령"으로 한다.

제20조제1항 및 제2항 중 "국토해양부장관"을 각각 "해양수산부장관"으로 한다.

제20조제3항 중 "농림수산식품부장관"을 "해양수산부장관"으로 한다.

〈675〉부터 〈710〉까지 생략

제7조 생략

부칙 〈제11810호, 2013. 5. 22.〉

이 법은 공포한 날부터 시행한다.

부칙 〈제12090호, 2013. 8. 13.〉

이 법은 공포 후 6개월이 경과한 날부터 시행한다.

부칙 〈제12600호, 2014. 5. 20.〉 (경찰관 직무집행법)

제1조(시행일) 이 법은 공포한 날부터 시행한다. 〈단서 생략〉

제2조(다른 법률의 개정) ①부터 ⑦까지 생략

⑧ 해양경비법 일부를 다음과 같이 개정한다.

제5조제2항, 제17조제1항 각 호 외의 부분 후단 및 제18조제1항 각 호 외의 부분 중 "「경찰관직무집행법」"을 각각 "「경찰관 직무집행법」"으로 한다.

부칙 〈제12844호, 2014. 11. 19.〉 (정부조직법)

제1조(시행일) 이 법은 공포한 날부터 시행한다. 다만, 부칙 제6조에 따라 개정되는 법률 중 이 법 시행 전에 공포되었으나 시행일이 도래하지 아니한 법률을 개정한 부분은 각각 해당 법률의 시행일부터 시행한다.

제2조 부터 제5조까지 생략

제6조(다른 법률의 개정) ①부터 〈245〉까지 생략

〈246〉 해양경비법 일부를 다음과 같이 개정한다.

제2조제1호 · 제8호 · 제9호, 제6조제1항 · 제3항 · 제4항, 제9조, 제10조제1항, 제11조제1항, 제16조, 제19조 및 제22조제2항 중 "해양경찰청장"을 각각 "국민안전처장관"으로 한다.

제5조의2의 제목 "(해양경찰의 날)"을 "(해양경비안전의 날)"로 하고, 같은 조 중 "해양경찰"을 "해양경비안전"으로 한다.

제7조 각 호 외의 부분 중 "해양경찰청"을 "국민안전처"로, "경찰공무원(이하 "해양경찰관"이라 한다)"을 "경찰공무원"으로 한다.

제8조, 제12조제1항 각 호 외의 부분 본문, 같은 조 제2항, 제13조 각 호 외의 부분 본문, 제14조제1항 각 호 외의 부분 본문, 같은 조 제2항 각 호 외의 부분 본문, 같은 조 제3항 각 호 외의 부분, 같은 조 제4항 본문, 제17조제1항 각 호 외의 부분 전단 및 제18조제1항 각 호 외의 부분 중 "해양경찰관"을 각각 "국민안전처 소속 경찰공무원"으로 한다.

제14조제5항 및 제20조제1항부터 제4항까지 중 "해양경찰서장"을 각각 "해양경비안전서장"으로 한다.

제14조제6항 및 제20조제5항 중 "해양수산부령"을 각각 "총리령"으로 한다.

제15조제1항 중 "해양경찰관서"를 "해양경비안전관서"로 한다.

제18조의 제목 "(해양경찰장비 및 장구의 사용)"을 "(경찰장비 및 장구의 사용)"으로 한다.

제20조제1항부터 제3항까지 중 "해양경찰청장, 지방해양경찰청장"을 각각 "국민안전처장관, 지방해양경비안전본부장"으로 한다.

〈247〉부터 〈258〉까지 생략

제7조 생략

부칙 〈제13186호, 2015. 2. 3.〉 (선박의 입항 및 출항 등에 관한 법률)

제1조(시행일) 이 법은 공포 후 6개월이 경과한 날부터 시행한다.

제2조 부터 제7조까지 생략

제8조(다른 법률의 개정) ①부터 ⑦까지 생략

⑧ 해양경비법 일부를 다음과 같이 개정한다.

제14조제2항 각 호 외의 부분 본문 중 "「개항질서법」에 따른 개항의항계안등"을 "「선박의 입항 및 출항 등에 관한 법률」에 따른 무역항의 수상구역등"으로 한다.

⑨ 생략

제9조 생략

부칙 〈제14804호, 2017. 4. 18.〉 (해양수산발전 기본법)

제1조(시행일) 이 법은 공포 후 6개월이 경과한 날부터 시행한다.

제2조(다른 법률의 개정) ①부터 ⑦까지 생략

⑧ 해양경비법 일부를 다음과 같이 개정한다.

제1조 중 "해양자원"을 "해양수산자원"으로 한다.

제2조제1호 중 "해양자원"을 "해양수산자원"으로 하고, 같은 조 제6호를 다음과 같이 한다.

6. "해양수산자원"이란 「해양수산발전 기본법」 제3조제2호에 따른 해양수산자원을 말한다.

제3조, 제7조제2호 및 제11조제2항제3호 중 "해양자원"을 각각 "해양수산자원"으로 한다.

⑨ 생략

부칙 〈제14810호, 2017. 4. 18.〉

제1조(시행일) 이 법은 공포 후 6개월이 경과한 날부터 시행한다.
제2조(과태료에 관한 경과조치) 이 법 시행 전의 행위에 대하여 과태료를 적용할 때에는 종전의 규정에 따른다.

부칙 〈제14839호, 2017. 7. 26.〉 (정부조직법)
제1조(시행일) ① 이 법은 공포한 날부터 시행한다. 다만, 부칙 제5조에 따라 개정되는 법률 중 이 법 시행 전에 공포되었으나 시행일이 도래하지 아니한 법률을 개정한 부분은 각각 해당 법률의 시행일부터 시행한다.
제2조 부터 제4조까지 생략
제5조(다른 법률의 개정) ①부터 〈284〉까지 생략
〈285〉 해양경비법 일부를 다음과 같이 개정한다.
제2조제1호 · 제8호 · 제9호, 제6조제1항 · 제3항 · 제4항, 제9조, 제10조제1항, 제11조제1항, 제16조, 제19조, 제20조제1항부터 제3항까지 및 제22조제2항 중 “국민안전처장관”을 각각 “해양경찰청장”으로 한다.
제5조의2의 제목 “(해양경비안전의 날)”을 “(해양경찰의 날)”로 하고, 같은 조 제목 외의 부분 중 “해양경비안전의 날”을 “해양경찰의 날”로 한다.
제7조 각 호 외의 부분 중 “국민안전처 소속 경찰공무원”을 “해양경찰청 소속 경찰공무원(이하 "해양경찰관"이라 한다)”으로 한다.
제8조, 제12조제1항 각 호 외의 부분 본문, 같은 조 제2항, 제13조 각 호 외의 부분 본문, 제14조제1항 각 호 외의 부분 본문, 같

은 조 제2항 각 호 외의 부분 본문, 같은 조 제3항 각 호 외의 부분, 같은 조 제4항 본문, 제17조제1항 각 호 외의 부분 전단 및 제18조제1항 각 호 외의 부분 중 "국민안전처 소속 경찰공무원"을 각각 "해양경찰관"으로 한다.

제14조제5항 및 제20조제1항부터 제4항까지 중 "해양경비안전서장"을 각각 "해양경찰서장"으로 한다.

제14조제6항 및 제20조제5항 중 "총리령"을 각각 "해양수산부령"으로 한다.

제15조제1항 중 "해양경비안전관서"를 "해양경찰관서"로 한다.

제18조의 제목 "(경찰장비 및 장구의 사용)"을 "(해양경찰장비 및 장구의 사용)"으로 한다.

제20조제1항부터 제3항까지 중 "지방해양경비안전본부장"을 각각 "지방해양경찰청장"으로 한다.

법률 제14810호 해양경비법 일부개정법률 제20조의2 중 "국민안전처장관"을 "해양경찰청장"으로 한다.

〈286〉부터 〈382〉까지 생략

제6조 생략

부칙 〈제16515호, 2019. 8. 20.〉 (해양경찰법)

제1조(시행일) 이 법은 공포 후 6개월이 경과한 날부터 시행한다.

제2조(다른 법률의 개정) ① 생략

② 해양경비법 일부를 다음과 같이 개정한다.

제5조의2를 삭제한다.

부칙 〈제16568호, 2019. 8. 27.〉 (양식산업발전법)

제1조(시행일) 이 법은 공포 후 1년이 경과한 날부터 시행한다.

제2조 부터 제14조까지 생략

제15조(다른 법률의 개정) ①부터 〈56〉까지 생략

〈57〉 해양경비법 일부를 다음과 같이 개정한다.

제20조제4항 중 "「수산업법」 제8조에 따른 어업 면허"를 "「수산업법」 제8조에 따른 어업 면허 또는 「양식산업발전법」 제10조에 따른 면허"로 한다.

〈58〉부터 〈61〉까지 생략

제16조 생략

부칙 〈제16701호, 2019. 12. 3.〉

이 법은 공포 후 3개월이 경과한 날부터 시행한다.

부칙 〈제16902호, 2020. 1. 29.〉 (항만법)

제1조(시행일) 이 법은 공포 후 6개월이 경과한 날부터 시행한다.

제2조 부터 제18조까지 생략

제19조(다른 법률의 개정) ①부터 〈51〉까지 생략

〈52〉 해양경비법 일부를 다음과 같이 개정한다.

제20조제2항 중 "「항만법」 제9조제1항에 따른 항만시설의 신설·개축(改築)·유지·보수 및 준설 등에 관한 공사를"을 "「항만법」 제2조제6호에 따른 항만개발사업을"로 한다.

〈53〉부터 〈56〉까지 생략

제20조 생략

부칙 〈제17798호, 2020. 12. 29.〉

이 법은 공포 후 3개월이 경과한 날부터 시행한다. 다만, 제20조제1항의 개정규정은 2021년 1월 1일부터 시행한다.

부칙 〈제18755호, 2022. 1. 11.〉 (수산업법)

제1조(시행일) 이 법은 공포 후 1년이 경과한 날부터 시행한다. 〈단서 생략〉

제2조 부터 제38조까지 생략

제39조(다른 법령의 개정) ①부터 ㉝까지 생략

㉞ 해양경비법 일부를 다음과 같이 개정한다.

제20조제4항 중 "「수산업법」 제8조"를 "「수산업법」 제7조"로 한다.

㉟ 생략

제40조 생략

해양경비법 시행령

[시행 2021. 1. 5.] [대통령령 제31380호, 2021. 1. 5., 타법개정]

**개정 예정 법률 밑줄 별도 표시.

해양경비법 시행령

[시행 2021. 1. 5.] [대통령령 제31380호, 2021. 1. 5., 타법개정]

제1조(목적) 이 영은 「해양경비법」에서 위임된 사항과 그 시행에 필요한 사항을 규정함을 목적으로 한다.

제2조(임해 중요시설의 범위) 「해양경비법」(이하 "법"이라 한다) 제2조제11호에서 "대통령령으로 정하는 시설"이란 다음 각 호의 시설 중 해양경찰청장이 지정·고시하는 시설을 말한다. 〈개정 2014. 11. 19., 2017. 3. 29., 2017. 7. 26.〉

1. 국가, 지방자치단체 또는 「공공기관의 운영에 관한 법률」 제4조에 따른 공공기관의 청사

2. 「공항시설법」에 따른 비행장 및 공항

3. 「항만법」에 따른 항만 및 항만시설

4. 발전소·조선소·제철소 및 저유소(貯油所) 등 국가기간(基幹) 산업시설

제3조(경비세력의 해외파견) 해양경찰청장은 법 제9조제1항에 따라 경비세력을 외국에 파견하는 경우에는 미리 관계 중앙행정기관의 장과 협의하여야 한다. 〈개정 2014. 11. 19., 2017. 7. 26., 2020. 3. 3.〉

제3조의2(용도폐지된 함정의 양여) ① 해양경찰청장은 법 제9조제2

항에 따른 양여 대상 개발도상국을 선정할 때에는 다음 각 호의 사항을 고려해야 한다.

1. 해당 개발도상국과 해양안전·외교·방위산업 분야에서의 협력 가능성

2. 해당 개발도상국의 함정 관리·운용 역량

② 제1항에 따라 양여 대상 개발도상국을 선정할 때에는 다음 각 호의 관계 행정기관의 장과 협의해야 한다.

1. 기획재정부장관

2. 외교부장관

3. 국방부장관

4. 방위사업청장

5. 그 밖에 해양경찰청장이 협의가 필요하다고 인정하는 관계 행정기관의 장

③ 해양경찰청장은 제1항 및 제2항에 따라 선정된 개발도상국과 양여 대상 함정의 명세, 함정의 운반에 관한 사항 등을 포함한 서면 약정을 체결해야 한다.

④ 제1항부터 제3항까지에서 규정한 사항 외에 양여 전 함정의 정비에 관한 사항 등 용도폐지된 함정의 양여에 필요한 사항은 해양경찰청장이 정한다.

[본조신설 2020. 3. 3.]

제4조(협의체의 설치 및 구성 등) ① 법 제10조제1항에 따른 협의체(이하 "협의체"라 한다)는 해양경찰청에 설치한다. 〈개정 2014. 11. 19., 2017. 7. 26.〉

② 협의체는 다음 각 호의 사항을 협의·조정한다.

1. 해양경비 활동과 관련된 긴급 대책의 협의에 관한 사항

2. 관계 기관 간 신속한 정보 교류 및 활용 등에 관한 사항

3. 외국과의 분쟁 발생 가능성이 높은 사안에 대한 긴급한 업무협조에 관한 사항

4. 그 밖에 위원장이 긴급한 업무협조가 필요하다고 인정하여 회의에 부치는 사항

③ 협의체는 위원장 1명을 포함한 10명 이내의 위원으로 구성한다.

④ 협의체의 위원장은 해양경찰청 경비국장이 되며, 협의체의 위원은 다음 각 호의 중앙행정기관의 과장급 또는 이에 상응하는 공무원 중에서 그 소속 기관의 장이 지명하는 사람이 된다. 〈개정 2013. 3. 23., 2014. 11. 19., 2017. 7. 26.〉

1. 외교부

2. 삭제 〈2013. 3. 23.〉

3. 해양수산부

4. 경찰청

5. 해양경찰청

6. 그 밖에 해양경비와 관련된 업무협조와 관련하여 해양경찰청장이 필요하다고 인정하는 중앙행정기관

⑤ 이 영에서 규정한 사항 외에 협의체의 구성 및 운영에 필요한 사항은 해양경찰청장이 정한다. 〈개정 2014. 11. 19., 2017. 7. 26.〉

제4조의2(사고예방조치) 법 제14조제3항제3호에서 "대통령령으로 정하는 조치"란 다음 각 호의 조치를 말한다. 〈개정 2014. 11.

19., 2017. 7. 26., 2017. 9. 26.〉

1. 선박등의 안전관리를 위하여 선박등에 승선하는 조치

2. 그 밖에 선박등의 안전을 위하여 해양경찰청장이 긴급하거나 불가피하다고 인정하는 조치

[본조신설 2014. 2. 5.]

제4조의3(이동조치 비용 부담) 법 제14조제5항에서 "대통령령으로 정하는 선박등"이란 해양경찰청 소속 경찰공무원이 동원한 선박ㆍ크레인, 그 밖의 장비 등(국가와 지방자치단체가 관리ㆍ운용하는 것은 제외한다)에 의하여 이동조치된 선박등을 말한다. 〈개정 2014. 11. 19., 2017. 7. 26., 2017. 9. 26.〉

[본조신설 2014. 2. 5.]

제5조(경찰장비ㆍ경찰장구의 종류 및 사용기준) ① 법 제18조제1항에 따른 경찰장비 및 경찰장구의 종류는 다음 각 호와 같다. 〈개정 2021. 1. 5.〉

1. 경찰장비: 소화포(消火砲)

2. 경찰장구: 페인트볼 및 투색총(줄을 쏘도록 만든 특수총을 말한다)

② 법 제18조제1항에 따른 경찰장비 및 경찰장구의 사용기준은 다음 각 호와 같다.

1. 통상의 용법에 따라 사용할 것

2. 목적 달성에 필요한 최소한의 범위에서 사용할 것

3. 다른 사람의 생명ㆍ신체에 대한 위해(危害)를 최소화할 것

제5조의2(포상의 방법 등) ① 해양경찰청장은 법 제20조의2에 따라

외국선박을 나포하는 데 공로가 있는 자에 대하여 예산의 범위에서 포상금을 지급할 수 있다.

② 해양경찰청장은 제1항에 따라 포상금을 지급하는 경우 표창을 함께 수여할 수 있다.

③ 제1항에 따른 포상금의 구체적인 지급기준, 절차 등에 관하여 필요한 사항은 해양경찰청장이 정하여 고시한다.

[본조신설 2017. 9. 26.]

제6조 삭제 〈2017. 9. 26.〉

부칙 〈제24040호, 2012. 8. 13.〉

이 영은 2012년 8월 23일부터 시행한다.

부칙 〈제24457호, 2013. 3. 23.〉 (해양경찰청과 그 소속기관 직제)

제1조(시행일) 이 영은 공포한 날부터 시행한다.

제2조 생략

제3조(다른 법령의 개정) ① 및 ② 생략

③ 해양경비법 시행령 일부를 다음과 같이 개정한다.

제4조제4항제1호를 다음과 같이 하고, 같은 항 제2호를 삭제하며, 같은 항 제3호를 다음과 같이 한다.

1. 외교부

3. 해양수산부

부칙 〈제25153호, 2014. 2. 5.〉

이 영은 2014년 2월 14일부터 시행한다.

부칙 〈제25753호, 2014. 11. 19.〉 (국민안전처와 그 소속기관 직제)

제1조(시행일) 이 영은 공포한 날부터 시행한다. 다만, 부칙 제7조에 따라 개정되는 대통령령 중 이 영 시행 전에 공포되었으나 시행일이 도래하지 아니한 대통령령을 개정한 부분은 각각 해당 대통령령의 시행일부터 시행한다.

제2조 부터 제6조까지 생략

제7조(다른 법령의 개정) ①부터 ㉛까지 생략

㉜ 해양경비법 시행령 일부를 다음과 같이 개정한다.

제2조 각 호 외의 부분, 제3조, 제4조제4항제6호, 같은 조 제5항, 제4조의2제2호, 별표 제1호가목1)부터 3)까지 외의 부분 본문 및 같은 호 나목1)부터 3)까지 외의 부분 중 “해양경찰청장”을 각각 “국민안전처장관”으로 한다.제4조제1항 중 “해양경찰청”을 “국민안전처”로 하고, 같은 조 제4항 각 호 외의 부분 중 “해양경찰청 경비안전국장”을 “국민안전처 해양경비안전국장”으로 하며, 같은 항 제4호 및 제5호를 각각 다음과 같이 한다.

4. 국민안전처

5. 경찰청

제4조의2제1호 중 “해양경찰청 소속 경찰공무원(이하 "해양경찰관"이라 한다)”을 “국민안전처 소속 경찰공무원”으로 한다.

제4조의3 중 “해양경찰관”을 “국민안전처 소속 경찰공무원”으로 한다.

㉝ 생략

부칙 〈제27972호, 2017. 3. 29.〉 (공항시설법 시행령)

제1조(시행일) 이 영은 2017년 3월 30일부터 시행한다.

제2조 부터 제8조까지 생략

제9조(다른 법령의 개정) ①부터 ㊷까지 생략

㊸ 해양경비법 시행령 일부를 다음과 같이 개정한다.

제2조제2호 중 “「항공법」”을 “「공항시설법」”으로 한다.

㊹ 및 ㊺ 생략

제10조 생략

부칙 〈제28217호, 2017. 7. 26.〉 (해양경찰청과 그 소속기관 직제)

제1조(시행일) 이 영은 공포한 날부터 시행한다.

제2조 및 제3조 생략

제4조(다른 법령의 개정) ①부터 ④까지 생략

⑤ 해양경비법 시행령 일부를 다음과 같이 개정한다.

제2조 각 호 외의 부분, 제3조, 제4조제4항제6호, 같은 조 제5항 및 제4조의2제2호 중 “국민안전처장관”을 각각 “해양경찰청장”으로 한다.

제4조제1항 중 “국민안전처”를 “해양경찰청”으로 하고, 같은 조

제4항 각 호 외의 부분 중 “국민안전처 해양경비안전국장”을 “해양경찰청 경비국장”으로 하며, 같은 항 제4호 및 제5호를 각각 다음과 같이 한다.

4. 경찰청

5. 해양경찰청

제4조의2제1호 중 “국민안전처 소속 경찰공무원”을 “해양경찰청 소속 경찰공무원(이하 "해양경찰관"이라 한다)”으로 한다.

제4조의3 중 “국민안전처 소속 경찰공무원”을 “해양경찰관”으로 한다.

별표 제1호가목1)부터 3)까지 외의 부분 본문 및 같은 호 나목1)부터 3)까지 외의 부분 중 “국민안전처장관”을 각각 “해양경찰청장”으로 한다.

부칙 〈제28344호, 2017. 9. 26.〉

제1조(시행일) 이 영은 2017년 10월 19일부터 시행한다.

제2조(포상에 관한 적용례) 제5조의2의 개정규정은 이 영 시행 이후 외국선박을 나포하는 데 공로를 세운 경우부터 적용한다.

부칙 〈제30508호, 2020. 3. 3.〉

이 영은 2020년 3월 4일부터 시행한다.

부칙 〈제31380호, 2021. 1. 5.〉 (어려운 법령용어 정비를 위한 473개 법령의 일부개정에 관한 대통령령)

이 영은 공포한 날부터 시행한다. 〈단서 생략〉

별표 / 서식

[별표] 삭제 〈2017. 9. 26.〉

해양경비법 시행규칙

[시행 2023. 2. 3.] [해양수산부령 제581호, 2023. 2. 3., 타법개정]

**개정 예정 법률 밑줄 별도 표시.

해양경비법 시행규칙

[시행 2023. 2. 3.] [해양수산부령 제581호, 2023. 2. 3., 타법개정]

제1조(목적) 이 규칙은 「해양경비법」에서 위임된 사항과 그 시행에 필요한 사항을 규정함을 목적으로 한다.

제2조(해상항행 보호조치 등의 순서) ① 해양경찰청 소속 경찰공무원(이하 이 조에서 "해양경찰관"이라 한다)은 「해양경비법」(이하 "법"이라 한다) 제14조제1항부터 제3항까지에 따른 해상항행 보호조치 등을 하는 경우 다음 각 호의 순서에 따라야 한다. 〈개정 2014. 2. 11., 2014. 11. 19., 2017. 7. 26.〉

1. 경고: 법 제14조제1항 각 호의 어느 하나의 행위를 하는 선박등의 선장(선박등을 운용하는 자를 포함한다)에게 그 행위를 중단할 것과 해양경찰관의 이동·해산·피난 명령 또는 이동·피난 조치를 따르지 아니하는 경우 벌칙이 부과된다는 내용을 경고할 것

2. 이동·해산·피난 명령: 제1호에 따른 경고에도 불구하고 법 제14조제1항 각 호의 행위를 멈추지 아니하거나, 법 제14조제2항에 따른 인명·신체에 대한 위해나 중대한 재산상 손해의 발생 또는 해양오염의 우려가 현저한 경우에는 선박등을 이동·해산하거나 선장, 해원(海員) 또는 승객에게 피난할 것을 세 번 이상 명령할 것

3. 이동·해산·피난 실행: 제2호에 따른 이동·해산·피난 명령을 따르지 아니하는 경우에는 직접 선박등을 이동· 해산시키거나 선장, 해원(海員) 또는 승객을 피난시킬 것

② 해양경찰관은 제1항에 따라 해상항행 보호조치 등을 하는 경우 필요한 최소한의 범위에서 하여야 한다. 〈개정 2014. 2. 11., 2014. 11. 19., 2017. 7. 26.〉

[제목개정 2014. 2. 11.]

제2조의2(해양 대테러 계획 등의 내용) 법 제16조의2제1항에 따른 해양 대테러 계획과 같은 조 제2항에 따른 해양 테러 예방 및 대응 활동계획에는 다음 각 호에 관한 사항이 포함되어야 한다.

1. 국내외 테러 정세 및 전망 분석
2. 해양 대테러 조직·인력·시설·장비의 확충·관리
3. 해양 대테러 역량 강화를 위한 교육·훈련 및 제도 개선
4. 해양테러 관련 정보의 수집·교환
5. 국내외 대테러 유관기관과의 유기적 협력체제 구축
6. 그 밖에 해양 테러 예방 및 대응역량 강화를 위해 필요한 내용

[본조신설 2021. 3. 30.]

제3조(경비수역 내 점용·사용허가 등의 통보) ① 법 제20조제1항부터 제4항까지의 규정에 따른 통보는 다음 각 호의 허가, 공사 또는 사업의 시행, 면허(이하 이 조에서 "허가등"이라 한다)를 하기 5일 전까지 이루어져야 한다. 〈개정 2020. 7. 30., 2020. 8. 28., 2023. 2. 3.〉

1. 「공유수면 관리 및 매립에 관한 법률」 제8조에 따른 공유수면 점용·사용허가

2. 「항만법」 제9조제1항에 따른 항만개발사업 시행

3. 「어촌 · 어항법」 제23조제1항에 따른 어항개발사업 시행

4. 「수산업법」 제7조에 따른 어업면허

5. 「양식산업발전법」 제10조에 따른 양식업 면허(같은 조 제1항 제7호에 따른 내수면양식업 면허는 제외한다)

② 법 제20조제1항부터 제4항까지의 규정에 따른 통보에는 다음 각 호의 사항이 포함되어야 한다. 〈개정 2014. 11. 19., 2017. 7. 26.〉

1. 허가등과 관련된 인적 현황에 관한 사항

2. 허가등의 기간에 관한 사항

3. 허가등의 장소에 관한 사항

4. 허가등에 따라 해양경비활동에 지장을 초래하는 사항

5. 그 밖에 허가등의 내용과 관련하여 해양경찰청장이 정하여 고시하는 사항

③ 제1항 및 제2항에 따른 통보를 받은 해양경찰청장, 지방해양경찰청장 또는 관할 해양경찰서장은 필요하다고 인정하는 경우에는 해당 허가등에 대한 의견을 제출하거나 그 밖에 필요한 협조를 요청할 수 있다. 〈개정 2014. 11. 19., 2017. 7. 26.〉

부칙 〈제510호, 2012. 8. 17.〉

이 규칙은 2012년 8월 23일부터 시행한다.

부칙 〈제71호, 2014. 2. 11.〉

이 규칙은 2014년 2월 14일부터 시행한다.

부칙 〈제1105호, 2014. 11. 19.〉 (국민안전처와 그 소속기관 직제 시행규칙)

제1조(시행일) 이 규칙은 공포한 날부터 시행한다. 다만, 부칙 제6조에 따라 개정되는 부령 중 이 규칙 시행 전에 공포되었으나 시행일이 도래하지 아니한 총리령 또는 부령을 개정한 부분은 각각 해당 총리령 또는 부령의 시행일부터 시행한다.

제2조 부터 제5조까지 생략

제6조(다른 법령의 개정) ①부터 ㊱까지 생략

㊲ 해양경비법 시행규칙 일부를 다음과 같이 개정한다.

제2조제1항 각 호 외의 부분 중 “해양경찰청 소속 경찰공무원(이하 이 조에서 "해양경찰관"이라 한다)”을 “국민안전처 소속 경찰공무원”으로 한다

제2조제1항제1호 및 같은 조 제2항 중 “해양경찰관”을 각각 “국민안전처 소속 경찰공무원”으로 한다.

제3조제2항제5호 중 “해양경찰청장”을 “국민안전처장관”으로 하고, 같은 조 제3항 중 “해양경찰청장, 지방해양경찰청장 또는 관할 해양경찰서장”을 “국민안전처장관, 지방해양경비안전본부장 또는 관할 해양경비안전서장”으로 한다.

㊳부터 ㊶까지 생략

부칙 〈제250호, 2017. 7. 26.〉 (해양경찰청과 그 소속기관 직제 시행규칙)

제1조(시행일) 이 규칙은 공포한 날부터 시행한다. 다만, 부칙 제4

조에 따라 개정되는 부령 중 이 규칙 시행 전에 공포되었으나 시행일이 도래하지 아니한 총리령을 개정한 부분은 각각 해당 총리령 또는 부령의 시행일부터 시행한다.

제2조 및 제3조 생략

제4조(다른 법령의 개정) ①부터 ⑧까지 생략

⑨ 해양경비법 시행규칙 일부를 다음과 같이 개정한다.

제2조제1항 각 호 외의 부분 중 "국민안전처 소속 경찰공무원"을 "해양경찰청 소속 경찰공무원(이하 이 조에서 "해양경찰관"이라 한다)"으로 한다.

제2조제1항제1호 및 같은 조 제2항 중 "국민안전처 소속 경찰공무원"을 각각 "해양경찰관"으로 한다.

제3조제2항제5호 중 "국민안전처장관"을 "해양경찰청장"으로 하고, 같은 조 제3항 중 "국민안전처장관, 지방해양경비안전본부장 또는 관할 해양경비안전서장"을 "해양경찰청장, 지방해양경찰청장 또는 관할 해양경찰서장"으로 한다.

부칙 〈제420호, 2020. 7. 30.〉 (항만법 시행규칙)

제1조(시행일) 이 규칙은 2020년 7월 30일부터 시행한다.

제2조 부터 제6조까지 생략

제7조(다른 법령의 개정) ①부터 ⑩까지 생략

⑪ 해양경비법 시행규칙 일부를 다음과 같이 개정한다.

제3조제1항제2호 중 "항만공사"를 "항만개발사업"으로 한다.

⑫ 생략

제8조 생략

부칙 〈제432호, 2020. 8. 28.〉 (양식산업발전법 시행규칙)

제1조(시행일) 이 규칙은 2020년 8월 28일부터 시행한다. 〈단서 생략〉

제2조 부터 제6조까지 생략

제7조(다른 법령의 개정) ①부터 ⑮까지 생략

⑯ 해양경비법 시행규칙 일부를 다음과 같이 개정한다.

제3조제1항에 제5호를 다음과 같이 신설한다.

5. 「양식산업발전법」 제10조에 따른 양식업 면허(같은 조 제1항제7호에 따른 내수면양식업 면허는 제외한다)

제8조 생략

부칙 〈제477호, 2021. 3. 30.〉

이 규칙은 2021년 3월 30일부터 시행한다.

부칙 〈제581호, 2023. 2. 3.〉 (수산업법 시행규칙)

제1조(시행일) 이 규칙은 공포한 날부터 시행한다.

제2조 부터 제13조까지 생략

제14조(다른 법령의 개정) ①부터 ⑰까지 생략

⑱ 해양경비법 시행규칙 일부를 다음과 같이 개정한다.

제3조제1항제4호 중 "「수산업법」 제8조"를 "「수산업법」 제7조"로 한다.

제15조 생략

대한민국 법령 시리즈 72

해양경비법

법 령 / 시 행 령 / 시 행 규 칙

2025년 9월 9일 인쇄 정가 9,000원
2025년 9월 19일 발행

편 저 편집부
디 자 인 송영미
발 행 인 조준형 http://www.hgbookpub.com
발 행 처 해광출판사 E-mail : munbookcokr@naver.com
주 소 부산광역시 중구 해관로 41-1 (중앙동2가)
전화번호 (051) 253-0001 팩스 (051) 245-1187
등 록 제 2012-000005호

해광출판사에서는 여러분의 소중한 원고와 함께 할 기회를 기다리고 있습니다. 책으로 엮을 원고나 아이디어가 있으신 분들은 이메일 munbookcokr@naver.com 로 책에 대한 간단한 개요와 원고 전체 또는 일부를 연락처와 함께 보내주십시오.

ISBN 979-11-6881-887-3

※ 법령 출처 : 법제처 국가법령정보센터
※ 본 도서는 〈공공데이터 제공 및 이용 활성화에 관한 법률〉을 근거로 출판되었습니다.

해광출판사 대한민국 법령 시리즈

001. 선원법
002. 어선법
003. 선박직원법
004. 해사안전기본법
005. 해양환경관리법
006. 선박의 입항 및 출항등에 관한 법률
007. 학교안전사고예방 및 보상에 관한 법률
008. 종합부동산세법
009. 방위사업법
010. 행정규제기본법
011. 식품산업진흥법
012. 위험물안전관리법
013. 화재의 예방 및 안전관리에 관한 법률
014. 도시가스사업법
015. 실내공기질관리법
016. 지방세법
017. 소득세법
018. 법인세법
019. 도선법
020. 선박안전법
021. 선박법
022. 수산업법
023. 고압가스안전관리법
024. 국민연금법
025. 공동주택관리법
026. 화학물질관리법
027. 어선원 및 어선 재해보상보험법
028. 장기등 이식에 관한 법률
029. 자연재해대책법
030. 공유재산 및 물품 관리법
031. 산업입지 및 개발에 관한 법률
032. 부정경쟁방지 및 영업비밀보호에 관한 법률
033. 금융지주회사법
034. 온실가스 배출권의 할당 및 거래에 관한 법률
035. 건축사법
036. 산림문화휴양에 관한 법률
037. 전기사업법
038. 사립학교법
039. 고등교육법
040. 액화석유가스의 안전관리 및 사업법
041. 선박투자회사법
042. 수산자원관리법
043. 위험물선박운송및저장규칙
044. 선박평형수관리법
045. 주택임대차보호법
046. 상가건물임대차보호법
047. 지방공기업법
048. 승강기안전관리법
049. 수목원·정원의 조성 및 진흥에 관한 법률
050. 민법
051. 치료감호 등에 관한 법률
052. 대부업 등의 등록 및 금융이용자 보호에 관한 법률
053. 사료관리법
054. 무형문화재 보전 및 진흥에 관한 법률
055. 총포·도검·화약류 등의 안전관리에 관한 법률
056. 경찰관직무집행법
057. 시설물의 안전 및 유지관리에 관한 특별법
058. 수산생물질병 관리법
059. 소비자기본법
060. 국제선박등록법
061. 정보통신망 이용촉진 및 정보보호 등에 관한 법률
062. 해운법
063. 농수산물 품질관리법
064. 수산업협동조합법
065. 해외건설촉진법
066. 수상레저안전법
067. 공무원재해보상법
068. 수상에서의 수색·구조 등에 관한 법률
069. 어촌어항법
070. 항만법
071. 항만운송사업법
072. 해양경비법
073. 해양사고의 조사 및 심판에 관한 법률
074. 외국인근로자의 고용 등에 관한 법률
075. 중소기업기본법
076. 자유무역지역의 지정 및 운영에 관한 법률
077. 대기환경보전법
078. 소음진동관리법
079. 폐기물관리법
080. 하수도법
081. 물환경보전법
082. 토양환경보전법
083. 환경정책기본법
084. 산업재해보상보험법
085. 관세법
086. 노동조합 및 노동관계조정법
087. 근로기준법
088. 군인연금법
089. 먹는물관리법
090. 기술보증기금법
091. 관광진흥법
092. 감염병의 예방 및 관리에 관한 법률
093. 사법경찰관리의 직무를 수행할 자와 그 직무범위에 관한 법률
094. 수의사법
095. 가정폭력방지 및 피해자보호 등에 관한 법률
096. 환경영향평가법
097. 체육시설의 설치 · 이용에 관한 법률
098. 장사 등에 관한 법률
099. 상호저축은행법
100. 은행법
101. 보호관찰 등에 관한 법률
102. 형법
103. 자동차관리법
104. 형사소송법
105. 전자금융거래법
106. 마약류 불법거래 방지에 관한 특례법
107. 도로법
108. 주세법
109. 변리사법
110. 하천법
111. 중소기업진흥에 관한 법률
112. 발달장애인 권리보장 및 지원에 관한 법률
113. 주택법
114. 장애인복지법
115. 농어업경영체 육성 및 지원에 관한 법률
116. 공인중개사법
117. 건강기능식품에 관한 법률
118. 예비군법
119. 개발제한구역의 지정 및 관리에 관한 특별조치법
120. 국유재산법
121. 주차장법
122. 환경기술 및 환경산업 지원법
123. 대기관리권역의 대기환경개선에 관한 특별법
124. 악취방지법
125. 미세먼지 저감 및 관리에 관한 특별법
126. 가축분뇨의 관리 및 이용에 관한 법률
127. 물의 재이용 촉진 및 지원에 관한 법률
128. 물관리기본법
129. 물관리기술 발전 및 물산업 진흥에 관한 법률
130. 자원의 절약과 재활용촉진에 관한 법률
131. 전기 · 전자제품 및 자동차의 자원순환에 관한 법률
132. 건설폐기물의 재활용촉진에 관한 법률
133. 수도권매립지관리공사의 설립 및 운영 등에 관한 법률
134. 폐기물의 국가 간 이동 및 그 처리에 관한 법률
135. 폐기물처리시설 설치촉진 및 주변지역지원 등에 관한 법률
136. 자원순환기본법
137. 잔류성오염물질 관리법
138. 환경분쟁 조정법

해광출판사 대한민국 법령 시리즈

139. 화학물질의 등록 및 평가 등에 관한 법률
140. 환경오염시설의 통합관리에 관한 법률
141. 환경오염피해 배상책임 및 구제에 관한 법률
142. 중소기업제품 구매촉진 및 판로지원에 관한 법률
143. 환경개선비용 부담법
144. 환경분야 시험·검사 등에 관한 법률
145. 환경친화적 산업구조로의 전환촉진에 관한 법률
146. 환경친화적 자동차의 개발 및 보급 촉진에 관한 법률
147. 환경범죄 등의 단속 및 가중처벌에 관한 법률
148. 생명윤리 및 안전에 관한 법률
149. 장애인차별금지 및 권리구제 등에 관한 법률
150. 부동산투자회사법
151. 정치자금법
152. 과학기술기본법
153. 대리점거래의 공정화에 관한 법률
154. 상속세 및 증여세법
155. 학원의 설립 · 운영 및 과외교습에 관한 법률
156. 해양심층수의 개발 및 관리에 관한 법률
157. 전기용품 및 생활용품 안전관리법
158. 사회기반시설에 대한 민간투자법
159. 공직선거법
160. 정당법
161. 유류오염손해배상 보장법
162. 부정청탁 및 금품등 수수의 금지에 관한 법률
163. 항로표지법
164. 어장관리법
165. 민방위기본법
166. 공직자윤리법
167. 선거관리위원회법
168. 유선 및 도선 사업법
169. 전기공사업법
170. 사회복지사업법
171. 택지개발촉진법
172. 국가공무원법
173. 민간임대주택에 관한 특별법
174. 어음법·수표법
175. 민사집행법
176. 상법
177. 문화예술진흥법
178. 중소기업협동조합법
179. 농업협동조합법
180. 도로교통법
181. 의료사고 피해구제 및 의료분쟁 조정 등에 관한 법률
182. 산림보호법
183. 소년법
184. 동물보호법
185. 건축물관리법
186. 도시개발법
187. 화물자동차 운수사업법
188. 도시 및 주거환경정비법
189. 의료법
190. 국회법
191. 응급의료에 관한 법률
192. 출입국관리법
193. 노인복지법
194. 산림자원의 조성 및 관리에 관한 법률
195. 청소년 보호법
196. 초 · 중등교육법
197. 혁신도시 조성 및 발전에 관한 특별법
198. 경제자유구역의 지정 및 운영에 관한 특별법
199. 공공기관의 운영에 관한 법률
200. 대한민국헌법
201. 국민기초생활 보장법
202. 저작권법
203. 가사소송법
204. 국가유공자 등 예우 및 지원에 관한 법률
205. 국민체육진흥법
206. 전통주 등의 산업진흥에 관한 법률
207. 재난 및 안전관리 기본법
208. 정보통신공사업법
209. 주식회사 등의 외부감사에 관한 법률
210. 공익사업을 위한 토지 등의 취득 및 보상에 관한 법률
211. 개인정보 보호법
212. 국세기본법
213. 에너지이용 합리화법
214. 감정평가 및 감정평가사에 관한 법률
215. 국가인권위원회법
216. 가맹사업거래의 공정화에 관한 법률
217. 보건의료기본법
218. 산업안전보건법
219. 법무사법
220. 교육공무원법
221. 특허법
222. 민사소송법
223. 아동복지법
224. 전파법
225. 하도급거래 공정화에 관한 법률
226. 기초연금법
227. 사립학교교직원 연금법
228. 직업안정법
229. 장애아동 복지지원법
230. 부동산등기법
231. 자동차손해배상 보장법
232. 철도안전법
233. 항공안전법
234. 전자상거래 등에서의 소비자보호에 관한 법률
235. 독점규제 및 공정거래에 관한 법률
236. 상표법
237. 채무자 회생 및 파산에 관한 법률
238. 공무원연금법
239. 축산법
240. 근로복지기본법
241. 민원 처리에 관한 법률
242. 약사법
243. 방문판매 등에 관한 법률
244. 건축기본법
245. 지방세기본법
246. 지방세징수법
247. 지방자치법
248. 도시교통정비 촉진법
249. 공공주택 특별법
250. 국세징수법
251. 공인노무사법
252. 중대재해 처벌 등에 관한 법률
253. 외무공무원법
254. 소방시설공사업법
255. 검역법
256. 공중위생관리법
257. 할부거래에 관한 법률
258. 인터넷 멀티미디어 방송사업법
259. 전기통신사업법
260. 제품안전기본법
261. 철도사업법
262. 어린이제품 안전 특별법
263. 영유아보육법
264. 원자력안전법
265. 보험업법
266. 경비업법
267. 교통안전법
268. 세무사법
269. 관세사법
270. 공인회계사법
271. 지방공무원법
272. 고용정책 기본법
273. 국가경찰과 자치경찰의 조직 및 운영에 관한 법률
274. 협동조합 기본법
275. 재해구호법
276. 환경보건법

해광출판사 대한민국 법령 시리즈

277. 자살예방 및 생명존중문화 조성을 위한 법률
278. 소방산업의 진흥에 관한 법률
279. 소방기본법
280. 비송사건절차법
281. 자연환경보전법
282. 변호사법
283. 기업구조조정투자회사법
284. 전기통신기본법
285. 에너지법
286. 해양생태계의 보전 및 관리에 관한 법률
287. 사회보장기본법
288. 통신비밀보호법
289. 공증인법
290. 물류시설의 개발 및 운영에 관한 법률
291. 청소년활동 진흥법
292. 형의 집행 및 수용자의 처우에 관한 법률
293. 도시공원 및 녹지 등에 관한 법률
294. 태권도 진흥 및 태권도공원 조성 등에 관한 법률
295. 녹색건축물 조성 지원법
296. 우편법
297 예금자보호법
298. 건설산업기본법
299. 금융회사의 지배구조에 관한 법률
300. 장애인활동 지원에 관한 법률
301. 언론중재 및 피해구제 등에 관한 법률
302. 국가재정법
303. 농지법
304. 게임산업진흥에 관한 법률
305. 정신건강증진 및 정신질환자 복지서비스 지원에 관한 법률
306. 디자인보호법
307. 의료기사 등에 관한 법률
308. 스마트도시 조성 및 산업진흥 등에 관한 법률
309. 내수면어업법
310. 한국주택금융공사법
311. 의료기기법
312. 유통산업발전법
313. 전통시장 및 상점가 육성을 위한 특별법
314. 여신전문금융업법
315. 해외자원개발 사업법
316. 산업교육진흥 및 산학연협력촉진에 관한 법률
317. 빈집 및 소규모주택 정비에 관한 특례법
318. 기업도시개발 특별법
319. 전력기술관리법
320. 국토기본법
321. 지하수법
322. 식품위생법
323. 광업법
324. 호스피스·완화의료 및 임종과정에 있는 환자의 연명의료결정에 관한 법률
325. 주식·사채 등의 전자등록에 관한 법률
326. 표시·광고의 공정화에 관한 법률
327. 골재채취법
328. 국민건강증진법
329. 새마을금고법
330. 여객자동차 운수사업법
331. 마리나항만의 조성 및 관리 등에 관한 법률
332. 한부모가족지원법
333. 국가를 당사자로 하는 계약에 관한 법률
334. 지방자치단체를 당사자로 하는 계약에 관한 법률
335. 축산물 위생관리법
336. 병역법
337. 음악산업진흥에 관한 법률
338. 국가균형발전 특별법
339. 첨단재생의료 및 첨단바이오의약품 안전 및 지원에 관한 법률
340. 공간정보의 구축 및 관리 등에 관한 법률
341. 공유수면 관리 및 매립에 관한 법률
342. 농수산물 유통 및 가격안정에 관한 법률
343. 아시아문화중심도시 조성에 관한 특별법
344. 신탁법
345. 자연공원법
346. 생활화학제품 및 살생물제의 안전관리에 관한 법률
347. 군인사법
348. 국제조세조정에 관한 법률
349. 낙동강수계 물관리 및 주민지원 등에 관한 법률
350. 주민등록법
351. 집합건물의 소유 및 관리에 관한 법률
352. 집단에너지사업법
353. 산림조합법
354. 반도체집적회로의 배치설계에 관한 법률
355. 자본시장과 금융투자업에 관한 법률
356. 담보부사채신탁법
357. 근로자퇴직급여 보장법
358. 국제과학비즈니스벨트 조성 및 지원에 관한 특별법
359. 수도법
360. 식품 등의 표시·광고에 관한 법률
361. 약관의 규제에 관한 법률
362. 인삼산업법
363. 종자산업법
364. 항공사업법
365. 건설기계관리법
366. 군형법
367. 궤도운송법
368. 기술의 이전 및 사업화 촉진에 관한 법률
369. 농수산물의 원산지 표시 등에 관한 법률
370. 담배사업법
371. 석유 및 석유대체연료 사업법
372. 가축전염병 예방법
373. 농어촌정비법
374. 식물신품종 보호법
375. 항공보안법
376. 중소기업창업 지원법
377. 군사법원법
378. 우주개발 진흥법
379. 해저광물자원 개발법
380. 산림복지 진흥에 관한 법률
381. 지능형 로봇 개발 및 보급 촉진법
382. 헌법재판소법
383. 옥외광고물 등의 관리와 옥외광고산업 진흥에 관한 법률
384. 혈액관리법
385. 국제항해선박 등에 대한 해적행위 피해예방에 관한 법률
386. 유료도로법
387. 독립유공자예우에 관한 법률
388. 신에너지 및 재생에너지 개발·이용·보급 촉진법
389. 신용정보의 이용 및 보호에 관한 법률
390. 출판문화산업 진흥법
391. 공항시설법
392. 국민 평생 직업능력 개발법
393. 아동·청소년의 성보호에 관한 법률
394. 방송법쉬
395. 신용보증기금법
396. 화장품법
397. 청소년 기본법
398. 인터넷주소자원에 관한 법률
399. 양곡관리법
400. 도로명주소법
401. 전자문서 및 전자거래 기본법
402. 산업기술의 유출방지 및 보호에 관한 법률
403. 국가기술자격법
404. 양식산업발전법
405. 산업기술혁신 촉진법
406. 새만금사업 추진 및 지원에 관한 특별법
407. 전자정부법
408. 지역 개발 및 지원에 관한 법률
409. 한국농어촌공사 및 농지관리기금법
410. 계량에 관한 법률
411. 기업활동 규제완화에 관한 특별조치법
412. 군에서의 형의 집행 및 군수용자의 처우에 관한 법률

해광출판사 대한민국 법령 시리즈

413. 규제자유특구 및 지역특화발전특구에 관한 규제특례법
414. 금융위원회의 설치 등에 관한 법률
415. 남녀고용평등과 일·가정 양립 지원에 관한 법률
416. 농어업인 삶의 질 향상 및 농어촌지역 개발촉진에 관한 특별법
417. 댐건설·관리 및 주변지역지원 등에 관한 법률
418. 국가유산수리 등에 관한 법률
419. 법원조직법
420. 보훈보상대상자 지원에 관한 법률
421. 부패방지 및 국민권익위원회의 설치와 운영에 관한 법률
422. 과학기술분야 정부출연연구기관 등의 설립·운영 및 육성에 관한 법률
423. 연구개발특구의 육성에 관한 특별법
424. 친환경농어업 육성 및 유기식품 등의 관리·지원에 관한 법률
425. 연안관리법
426. 영화 및 비디오물의 진흥에 관한 법률
427. 신용협동조합법
428. 방송통신발전 기본법
429. 범죄피해자 보호법
430. 가축 및 축산물 이력관리에 관한 법률
431. 국가표준기본법
432. 국가통합교통체계효율화법
433. 범죄인 인도법
434. 국가과학기술 경쟁력 강화를 위한 이공계지원 특별법
435. 국제경기대회 지원법
436. 금융혁신지원 특별법
437. 수자원의 조사·계획 및 관리에 관한 법률
438. 축산자조금의 조성 및 운용에 관한 법률
439. 소방시설 설치 및 관리에 관한 법률
440. 양성평등기본법
441. 축산계열화사업에 관한 법률
442. 수입식품안전관리 특별법
443. 대외무역법
444. 국가연구개발사업 등의 성과평가 및 성과관리에 관한 법률
445. 무역보험법
446. 기술사법
447. 광산안전법
448. 농약관리법
449. 농업·농촌 및 식품산업 기본법
450. 문화산업진흥 기본법
451. 부담금관리 기본법
452. 야생생물 보호 및 관리에 관한 법률
453. 한국은행법
454. 별정우체국법
455. 원양산업발전법
456. 콘텐츠산업 진흥법
457. 한국수출입은행법
458. 외국인투자 촉진법
459. 물류정책기본법
460. 전자서명법
461. 산업발전법
462. 산업표준화법
463. 소프트웨어 진흥법
464. 토지이용규제 기본법
465. 해수욕장의 이용 및 관리에 관한 법률
466. 정보통신 진흥 및 융합 활성화 등에 관한 특별법
467. 정보통신산업 진흥법
468. 지진·화산재해대책법
469. 소금산업진흥법
470. 위치정보의 보호 및 이용 등에 관한 법률
471. 외국법자문사법
472. 이러닝(전자학습)산업 발전 및 이러닝 활용 촉진에 관한 법률
473. 암관리법
474. 실용신안법
475. 가족관계의 등록 등에 관한 법률
476. 무인도서의 보전 및 관리에 관한 법률
477. 감사원법
478. 정보보호산업의 진흥에 관한 법률
479. 결혼중개업의 관리에 관한 법률
480. 공익신고자 보호법
481. 박물관 및 미술관 진흥법
482. 낚시 관리 및 육성법
483. 동산·채권 등의 담보에 관한 법률
484. 임금채권보장법
485. 국민투표법
486. 농림수산업자 신용보증법
487. 국가채권 관리법
488. 중소기업은행법
489. 식품안전기본법
490. 외국환거래법
491. 발명진흥법
492. 건설기술 진흥법
493. 기후위기 대응을 위한 탄소중립·녹색성장 기본법
494. 인체조직안전 및 관리 등에 관한 법률
495. 엔지니어링산업 진흥법
496. 신문 등의 진흥에 관한 법률
497. 식물방역법
498. 석탄산업법
499. 산업융합 촉진법
500. 비료관리법
501. 임업 및 산촌 진흥촉진에 관한 법률
502. 복권 및 복권기금법
503. 대규모유통업에서의 거래 공정화에 관한 법률
504. 뉴스통신 진흥에 관한 법률
505. 지능정보화 기본법
506. 자격기본법
507. 중소기업 기술혁신 촉진법
508. 국가공간정보 기본법
509. 농어업재해대책법
510. 방송광고판매대행 등에 관한 법률
511. 지식재산 기본법
512. 초고층 및 지하연계 복합건축물 재난관리에 관한 특별법
513. 해양 조사와 해양정보 활용에 관한 법률
514. 공간정보산업 진흥법
515. 공공기관의 정보공개에 관한 법률
516. 행정기본법
517. 해상교통안전법
518. 농어업재해보험법
519. 문화유산의 보존 및 활용에 관한 법률
520. 자연유산의 보존 및 활용에 관한 법률
521. 국토의 계획 및 이용에 관한 법률
522. 건축법
523. 국민건강보험법
524. 계엄법
525. 환경친화적 선박의 개발 및 보급 촉진에 관한 법률
526. 해양폐기물 및 해양오염퇴적물 관리법
527. 연안사고 예방에 관한 법률
528. 전기안전관리법
529. 의약품 등의 안전에 관한 규칙
530. 공공보건의료에 관한 법률
531. 군보건의료에 관한 법률
532. 농어촌 등 보건의료를 위한 특별조치법
533. 보호소년 등의 처우에 관한 법률
534. 국가를 당사자로 하는 소송에 관한 법률
535. 간호법
536. 국립묘지의 설치 및 운영에 관한 법률
537. 주류 면허 등에 관한 법률
538. 부가가치세법
539. 자율운항선박 개발 및 상용화 촉진에 관한 법률

*** 해광출판사의 법령 시리즈는 계속 발행 됩니다.**
**** 각 도서의 개정판은 인쇄일을 기준으로 제작 되었습니다.**